De puntillas en
LUGARES ESCALOFRIANTES

HOTELES
TERRORÍFICOS

por Kathryn Camisa

Consultora: Ursula Bielski
Escritora e investigadora de fenómenos paranormales
Fundadora de Chicago Hauntings, Inc.

BEARPORT
PUBLISHING

New York, New York

Créditos

Cubierta, © Stepstock/Fotolia; TOC, © Sean Pavone/iStock; 4–5, © ggustin/iStock, © Graeme Dawes/ Shutterstock, © Hans-Juergen Luntzer/Shutterstock, © Olaf Naami/Shutterstock, © Lario Tus/Shutterstock, and © Michael Dechev/Shutterstock; 6L, © laura.h/Shutterstock; 6R, © Yuguesh Fagoonee/Shutterstock; 7, © Nate Allred/Shutterstock; 8–9, © bonetta/iStock; 9R, © ValaGrenier/iStock; 10, © Jim Barber/Shutterstock; 11, © Sponner/ Shutterstock; 12, © Jeff Thrower/Shutterstock; 13, © Peter Dedeurwaerder/Shutterstock; 14, © Nick Kenrick/Flickr/cc BY 2.0; 15, © Vintage Images/Alamy; 16, © alfocome/Shutterstock; 17, © Nadya Lukic/Shutterstock; 18, © Peter Hess; 19, © The Miriam and Ira D. Wallach Division of Art, Prints and Photographs: Photography Collection, The New York Public Library; 20, © Peter Newark Military Pictures/Bridgeman Images; 21, © jdwfoto/Shutterstock; 23, © Svetlana Eremina/Shutterstock; 24, © Dave Kotinsky/Shutterstock.

Director editorial: Kenn Goin
Editora: Joyce Tavolacci
Traductora: Eida Del Risco
Editora de español: Queta Fernandez
Director creativo: Spencer Brinker
Investigador de fotografía: Thomas Persano
Cubierta: Kim Jones

Datos de catalogación de la Biblioteca del Congreso

Names: Camisa, Kathryn, author. I Del Risco, Eida, translator. I Translation
   of: Camisa, Kathryn. Horror hotels.
Title: Hoteles terroríficos / por Kathryn Camisa.
Other titles: Horror hotels. Spanish
Description: Nueva York, Nueva York : Bearport Publishing, 2018. I Series: De
   puntillas en lugares escalofriantes I Includes bibliographical references
   and index.
Identifiers: LCCN 2017012297 (print) I LCCN 2017020524 (ebook) I ISBN
   9781684023981 (ebook) I ISBN 9781684023899 (library)
Subjects: LCSH: Haunted hotels—Juvenile literature.
Classification: LCC BF1474.5 (ebook) I LCC BF1474.5 .C3618 2018 (print) I DDC
   133.1/22—dc23
LC record available at https://lccn.loc.gov/2017012297

Para más información, escriba a Bearport Publishing Company, Inc., 45 West 21st Street, Suite 3B, New York, New York 10010. Impreso en los Estados Unidos de América.

10 9 8 7 6 5 4 3 2 1

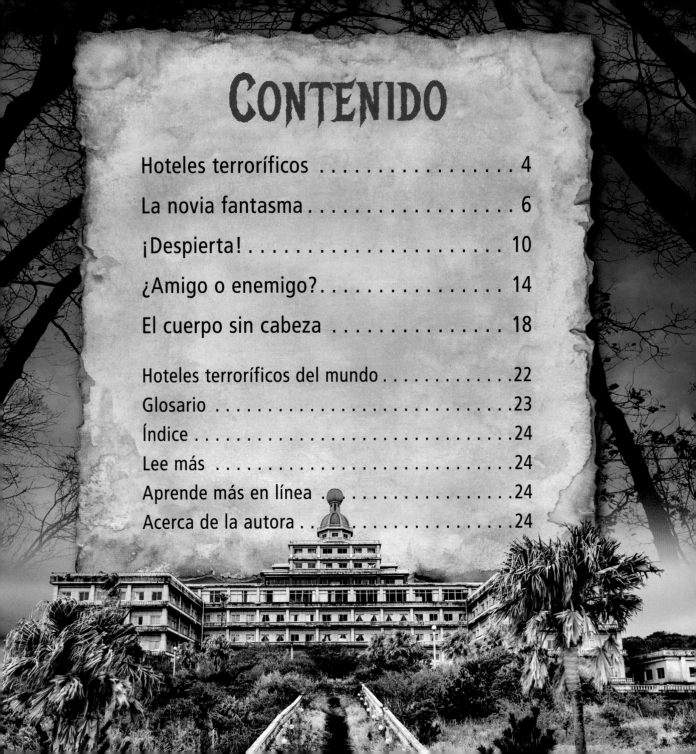

CONTENIDO

Hoteles terroríficos

Acabas de poner la cabeza en la almohada y cierras los ojos. Una brisa helada te **roza** el cuello. De pronto, el suelo cruje. Oyes pisadas junto a la cama. Tus manos tiemblan mientras enciendes la luz lentamente. ¡Te das cuenta de que eres la única persona en la habitación del hotel!

DANGER
KEEP OUT

Prepárate para leer cuatro historias espeluznantes acerca de hoteles embrujados. Pasa la página… ¡si te atreves!

LA NOVIA FANTASMA

Hotel Fairmont Banff Springs, Banff, Canadá

El día de la boda suele ser uno de los más felices de la vida. Por desgracia, para una novia, fue también el último.

Corría la década de 1930 en el hotel Fairmont. La novia subió la gran escalera del hotel. Las velas le iluminaban el camino. Estaba ansiosa por bailar con su nuevo esposo.

El hotel Fairmont Banff Springs

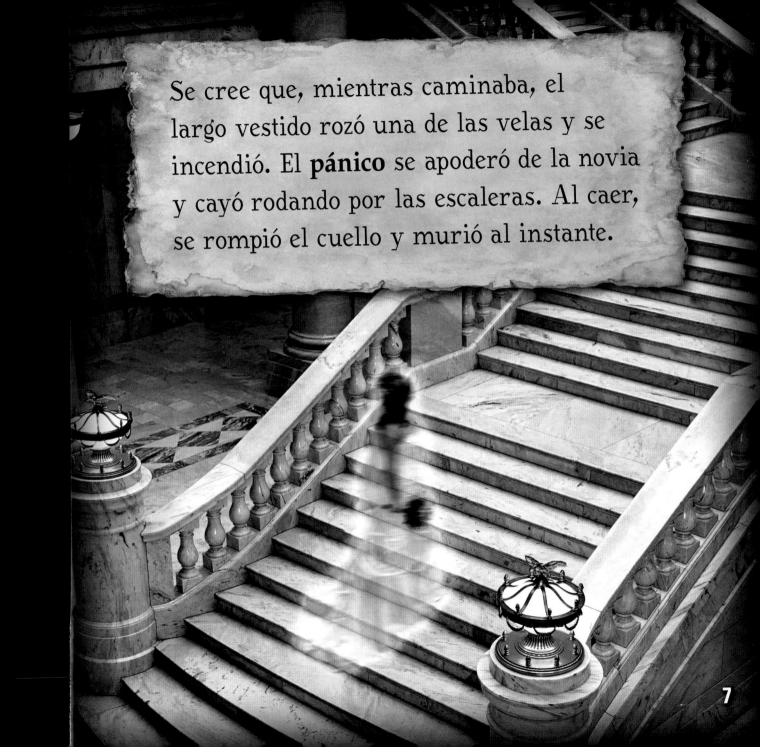

Se cree que, mientras caminaba, el largo vestido rozó una de las velas y se incendió. El **pánico** se apoderó de la novia y cayó rodando por las escaleras. Al caer, se rompió el cuello y murió al instante.

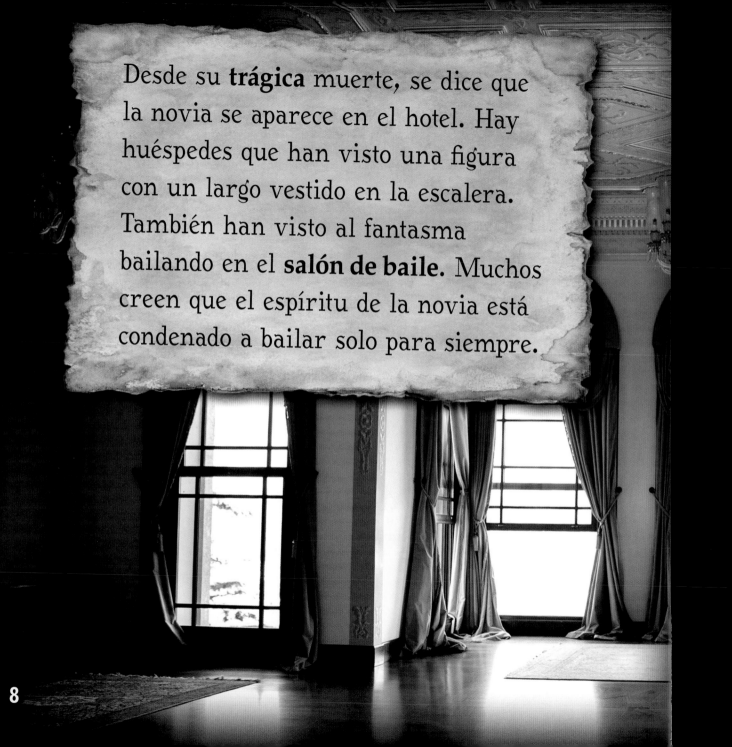

Desde su **trágica** muerte, se dice que la novia se aparece en el hotel. Hay huéspedes que han visto una figura con un largo vestido en la escalera. También han visto al fantasma bailando en el **salón de baile.** Muchos creen que el espíritu de la novia está condenado a bailar solo para siempre.

Los huéspedes del hotel también han visto una figura con velo recorriendo los pasillos cerca de donde murió la novia.

9

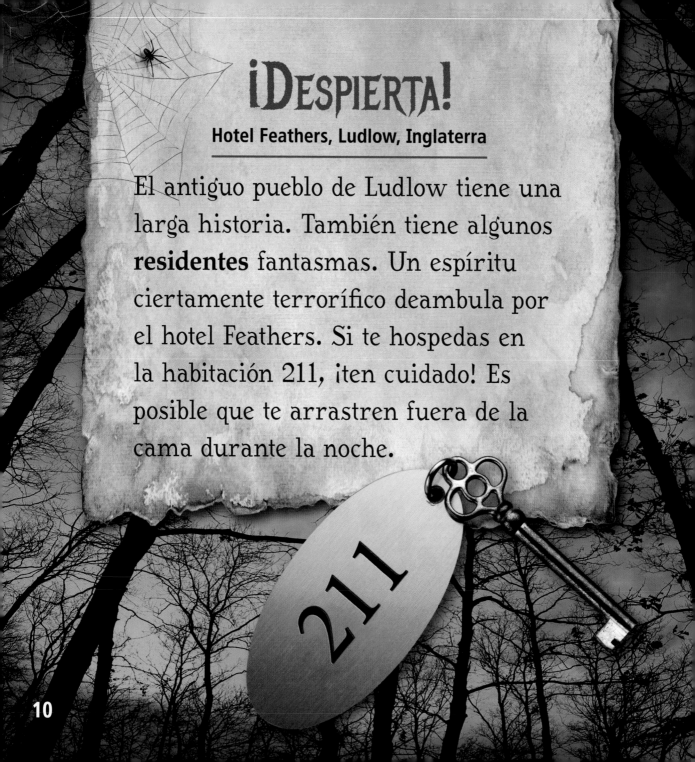

¡Despierta!

Hotel Feathers, Ludlow, Inglaterra

El antiguo pueblo de Ludlow tiene una larga historia. También tiene algunos **residentes** fantasmas. Un espíritu ciertamente terrorífico deambula por el hotel Feathers. Si te hospedas en la habitación 211, ¡ten cuidado! Es posible que te arrastren fuera de la cama durante la noche.

El hotel Feathers
se construyó
en 1619.

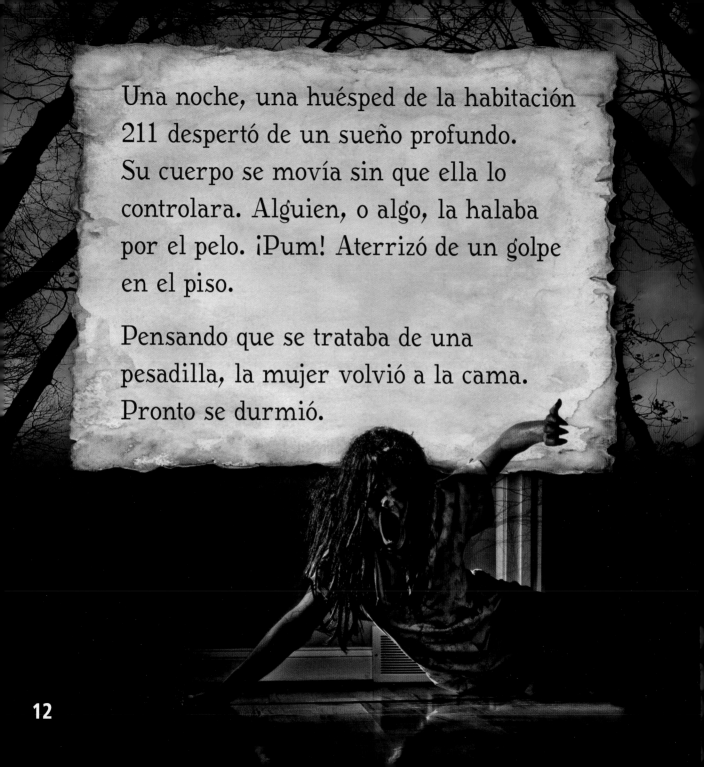

Una noche, una huésped de la habitación
211 despertó de un sueño profundo.
Su cuerpo se movía sin que ella lo
controlara. Alguien, o algo, la halaba
por el pelo. ¡Pum! Aterrizó de un golpe
en el piso.

Pensando que se trataba de una
pesadilla, la mujer volvió a la cama.
Pronto se durmió.

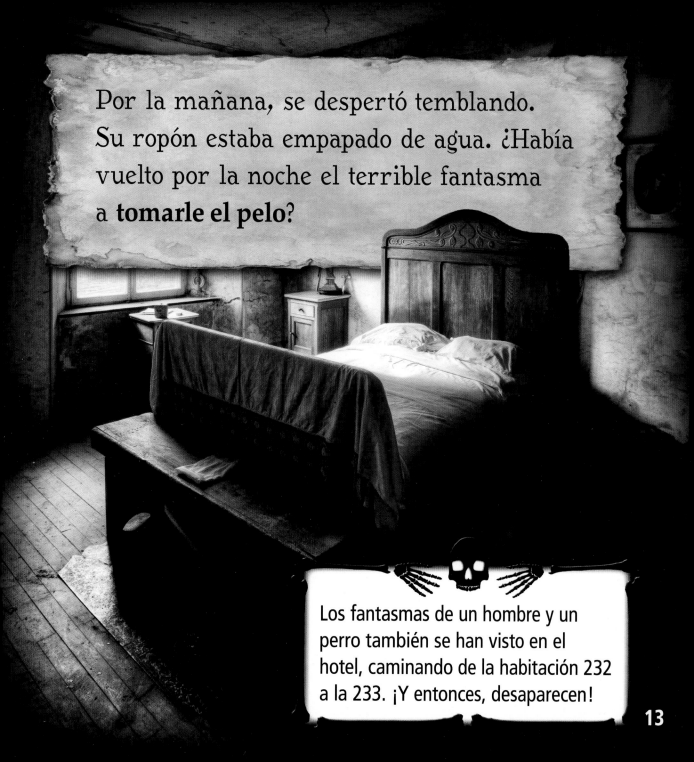

Por la mañana, se despertó temblando. Su ropón estaba empapado de agua. ¿Había vuelto por la noche el terrible fantasma a **tomarle el pelo**?

Los fantasmas de un hombre y un perro también se han visto en el hotel, caminando de la habitación 232 a la 233. ¡Y entonces, desaparecen!

13

¿AMIGO O ENEMIGO?

Hotel Savoy, Mussoorie, India

El hotel Savoy en la India es el hogar de un visitante fantasmal. ¿Quién es el siniestro huésped? La trágica historia de Lady Frances Garnett-Orme puede ser la respuesta.

El hotel Savoy

Una mañana temprano, Lady Frances fue hallada muerta en su habitación. Llamaron a la policía, pero esta no encontró señales de robo. ¿Quién había matado a la pobre mujer?

Más tarde, un doctor descubrió que se había añadido veneno a uno de los frascos de medicina de Lady Frances. ¡Había sido asesinada!

Se dice que un fantasma recorre el hotel desde esa época. Se ha visto una dama de blanco deambulando por los pasillos. El espíritu se aproxima a los huéspedes, los mira a los ojos y se **desvanece.** Muchos creen que se trata de Lady Frances que busca a su asesino.

Eva Montstephen, una amiga de Lady Frances, fue **arrestada** por el asesinato.

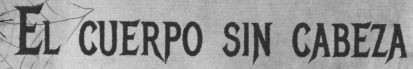

EL CUERPO SIN CABEZA

Posada Battery Carriage House, Charleston, Carolina del Sur

Charleston tiene un pasado largo y sangriento. Muchas batallas de la **Guerra Civil** tuvieron lugar en esa ciudad. Muchos jóvenes soldados perdieron la vida. No es de extrañar que espíritus inquietos merodeen por la ciudad. En la posada Battery Carriage House, ¡los visitantes hasta pueden despertarse junto a uno!

La posada Battery Carriage House

La ciudad de Charleston, destruida después de la Guerra Civil

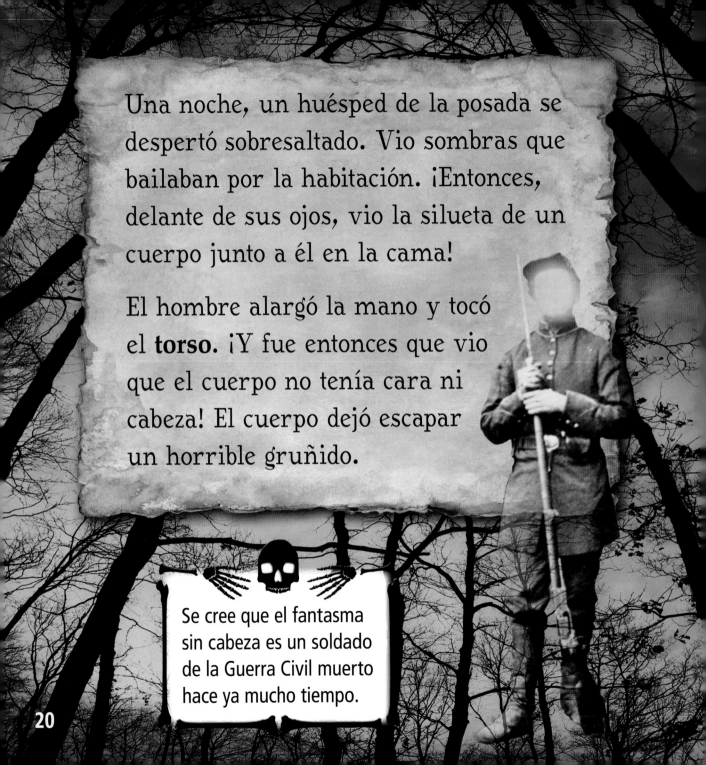

Una noche, un huésped de la posada se despertó sobresaltado. Vio sombras que bailaban por la habitación. ¡Entonces, delante de sus ojos, vio la silueta de un cuerpo junto a él en la cama!

El hombre alargó la mano y tocó el **torso.** ¡Y fue entonces que vio que el cuerpo no tenía cara ni cabeza! El cuerpo dejó escapar un horrible gruñido.

Se cree que el fantasma sin cabeza es un soldado de la Guerra Civil muerto hace ya mucho tiempo.

Estupefacto, el hombre gritó y encendió la luz, pero todo lo que vio fue una cama vacía.

Hoteles terroríficos

del mundo

Hotel Fairmont Banff Springs

Banff, Canadá

Descubre el lugar donde una joven novia murió el día de su boda.

Posada Battery Carriage House

Charleston, Carolina del Sur

¡Explora una de las posadas más embrujadas de Estados Unidos!

Hotel Feathers

Ludlow, Inglaterra

Visita la habitación de un hotel donde vive un fantasma muy hostil.

Hotel Savoy

Mussoorie, India

¡Visita el hotel donde el fantasma de una mujer todavía busca a su asesino!

océano Ártico

AMÉRICA DEL NORTE

EUROPA

ASIA

océano Atlántico

ÁFRICA

océano Pacífico

océano Pacífico

N
O   E
S

AMÉRICA DEL SUR

océano Índico

AUSTRALIA

océano Atlántico

océano Antártico

ANTÁRTIDA

GLOSARIO

arrestada atrapada por la policía

desvanece se desaparece de pronto

estupefacto asombrado, pasmado

Guerra Civil guerra entre los estados del Norte y los del Sur de los Estados Unidos de América, que duró de 1861 a 1865

pánico miedo desmedido

residente persona que vive en un lugar particular

roza toca levemente

salón de baile habitación muy grande donde se celebran fiestas y bailes

tomarle el pelo burlarse de una persona o tratar de incomodarla

torso parte del cuerpo de una persona entre el cuello y la cintura, sin incluir los brazos

trágica muy triste y desafortunada

23

ÍNDICE

LEE MÁS

Penn-Coughin, O. *They're Coming For You: Scary Stories That Scream to be Read.* Nueva York: CreateSpace (2011).

Phillips, Dee. *The Deadly Secret of Room 213 (Cold Whispers II).* Nueva York: Bearport (2017).

APRENDE MÁS EN LÍNEA

Para aprender más sobre hoteles terroríficos, visita:
www.bearportpublishing.com/Tiptoe

ACERCA DE LA AUTORA

Kathryn Camisa se quedó una vez en un castillo que se decía que estaba embrujado. Lamentablemente, no se encontró con ningún fantasma durante su visita.